Spanschachteln

kunstvoll bemalen

Eltern-Kind-Zentru.n e.V.
Ludwigstraße 41-43
70176 Stuttgart
Telefon 0711/50 83 66-30
Telefax 0711/50 83 66-31

Spanschachteln

kunstvoll bemalen

Monika Manns
Sandra Manns

Eulen Verlag

© 1990 EULEN VERLAG Harald Gläser, Freiburg i. Br., Wilhelmstraße 18
Reproduktion: Scan-Studio Hofmann, Freiburg i. Br.
Satzherstellung: F. X. Stückle, Ettenheim
Gesamtherstellung: Freiburger Graphische Betriebe
Einbandgestaltung: Klaus Eschbach
Fotos, Text und Zeichnungen: Monika Manns
Spanschachteln: Sandra Manns — Monika Manns
ISBN 3-89102-188-7

Inhalt

Vorwort

Mit diesem Hobbybuch wende ich mich an all diejenigen, die Spaß daran haben, eine alte Tradition wieder aufleben zu lassen. Das Buch soll Ihnen in erster Linie Freude bereiten und Ihre Phantasie anregen. Alles weitere macht die Übung, ohne die es ja leider nun einmal nicht geht.

Ich werde bemüht sein, Ihnen an Hand von detaillierten Schilderungen das Material und die einzelnen Arbeitsgänge darzustellen und mit zahlreichen Skizzen und Fotos eine umfassende Hilfestellung zu leisten, so daß auch Sie sicherlich bald ein kleines Schmuckstück Ihr eigen nennen können.

Monika Manns

Der Schachtelmacher

«Schachtel, ist ein rundes oder ovales Behältnis aus gantz schwachen hölzernen Blättern zusammen gefüget, und mit einem dergleichen Deckel versehen, darein man allerley zu legen, zu verwahren und einzupacken in Gewohnheit hat. Es werden dieselben theils aus Fichten- und Tannen-, theils auch aus Saalweiden-Holtz verfertiget. Ihrer Forme, Grösse und dem Gebrauche nach kan man sie eintheilen in Pack- und Futterschachteln, welche bald viereckigt, bald abländlicht gemacht werden; in grosse lange Peruquen- und kleine kurtze Federschachteln; in runde und hohe Haubenschachteln, und in kleine niedrige Lattwergenschachteln, und so ferner. Eine jede Gattung von disen Schachteln wird also eingerichtet, dass immer eine kleiner ist, als die andere, und die äussere als die gröste sechs und wohl noch mehr ihres gleichen umschlüsset, welche hernach zusammen ein Einsatz genennet werden.»

Aus dem Ständebuch von Christoff Weigels, 1698

Diese kleine, runde Spanschachtel (Durchmesser 11 cm) habe ich vorübergehend zum Vogel-
nest umfunktioniert. Gedacht war die Spanschachtel allerdings zur Unterbringung meiner
gesammelten Vogelfeder-Raritäten. Die Spanschachtel ist mit Dispersionsfarbe (Azurblau
von Histor) grundiert und mit Farben von Wacofin bemalt.

Spanschachteln kunstvoll bemalen

Spanschachteln kunstvoll zu bemalen ist kein neues Hobby, sondern hat eine sehr lange Tradition.

Für unsere Vorfahren waren die Spanschachteln alltägliche Gebrauchsgegenstände. Dabei waren die meisten dieser Schachteln sicherlich nicht bemalt, sondern kamen als blanke Spanschachteln, als sogenannte Rohlinge in den Handel. Sie dienten der Aufbewahrung von allerlei Krimskrams und wurden für besondere Gelegenheiten, also zum Beispiel zur Taufe und zur Hochzeit, liebevoll bemalt.

In unserer Zeit werden neu bemalte Spanschachteln oft als kitschig empfunden und abgetan. Sicherlich nicht zu Unrecht, denn oft wurden ohnehin schon schlecht gefertigte Spanschachteln mit grellen Farben scheußlich bunt bemalt. Doch wie in jedem Hobbybereich gilt es auch hier, die Spreu vom Weizen zu trennen.

In den letzten Jahren sind bemalte Spanschachteln – sowohl alte als auch neue – wieder erneut im Gespräch und erfreuen sich einer immer größer werdenden Beliebtheit.

Dazu beigetragen haben sicherlich auch die enorm hohen Preise, die auf Auktionen für alte bemalte Spanschachteln erzielt wurden. Dabei kommen immer häufiger Fälschungen auf den Markt: alte Museumsstücke werden nachgearbeitet und meistens sehr grausig angemalt. Ich kenne nur wenige Künstler, die sich auf eine alte, historische Bemalung wirklich verstehen.

Aber es muß ja nicht eine wie auch immer nachempfundene alte Bemalung sein. Es gibt so viele Möglichkeiten, Spanschachteln zu bemalen, und dabei kommt es eben wie so oft vor allem auf das „Wie" an.

Bei mir hat alles damit angefangen, daß ich für meine Ostereiersammlung ein geeignetes Winterquartier gesucht habe. Beim Suchen spielte mir das Glück eine alte blanke Spanschachtel in die Hände. Ich habe sie liebevoll restauriert, und sie hat sich zum Aufbewahren meiner Eiersammlung bestens bewährt. Hinzu kam noch, daß sie hübsch anzusehen war und somit gleich einen Ehrenplatz auf dem Schrank erhielt. Mein Interesse für Spanschachteln wuchs mehr und mehr, und ich bemühte mich, noch weitere Exemplare zu erstehen. Kein sehr leichtes Vorhaben, wie ich bald feststellen mußte, denn auch blanke Schachteln sind inzwischen rar geworden.

Aber im Laufe der Zeit habe ich es dann doch noch auf zehn blanke Spanschachteln gebracht. Die Krönung war eine − leider defekte − alte, buntbemalte Spanschachtel. Diese hatte es mir besonders angetan, und so kam, was kommen mußte: in mir entflammte eine neue Sammelleidenschaft, nun nach schön bemalten alten Spanschachteln. Leider blieb mein Suchen völlig erfolglos, so daß die Flammen sehr bald gelöscht wurden.

Es mußten also neue Werke als Ersatz herhalten, und so entstanden nach und nach die hier im Buch abgebildeten, buntbemalten Spanschachteln.

Ohne meine Tochter Sandra hätte ich dieses Buch allerdings nie herausgeben können. Von ihr stammen eine Reihe von besonders schönen Schachteln, die sie eigens für dieses Buch angefertigt hat; kunstvoll bemalte Spanschachteln, an denen Sie sicherlich genausoviel Freude haben werden wie ich.

Ein bißchen Geschichte

Alte Spanschachteln, ob nun bemalt oder unbemalt, haben eine sehr lange Geschichte. Eine der ältesten erhaltenen Spanschachteln ist etwa 650 Jahre alt und befindet sich im Herzog-Anton-Ulrich-Museum in Braunschweig. Den Deckel dieser aus dem 14. Jahrhundert stammenden Spanschachtel schmückt eine Abbildung des Abendmahls. Deckel- und Korpuszarge – also die Seitenwände der Spanschachtel – sind mit gotischen Ranken und Vogeldarstellungen verziert.

Früher dienten die Spanschachteln in erster Linie zur Aufbewahrung der Gegenstände des täglichen Bedarfs. Sie waren sozusagen die Universalverpackung für Haus und Hof. Handwerker, Apotheker, Händler und auch Privatleute besaßen und benützten solche Spanschachteln, in denen alles, was vor Staub und Licht geschützt werden mußte, bestens aufgehoben war. Ob es sich nun um Dokumente, Backwaren, Kräuter, Spielsachen, Trachtenteile, Hauben oder nur um den alltäglichen Kleinkram handelte, alles landete in einer Spanschachtel. Der größte Teil der Spanschachteln, die in den Handel kamen, war wie gesagt nicht bemalt. Schon aus Preisgründen wird man damals nicht jede Kleinigkeit in buntbemalte Spanschachteln verpackt haben. Dafür reichten die blanken oder zum Teil mit Färbekräutern gebeizten Spanschachteln aus. Oftmals wurden sie auch mit Firmenaufklebern versehen oder nur mit einem Brandstempel gekennzeichnet.

Hochburgen der Spanschachtelherstellung waren der Thüringer Wald, die Gegend um Berchtesgaden, Oberösterreich und das Frutigtal in der Schweiz, wo noch heute Spanschachteln nach alter Tradition hergestellt werden.

Für die Verbreitung der Spanschachteln spielten die Jahrmärkte eine große Rolle, so sind im norddeutschen Raum zum Beispiel der Sateminer und der Lüchower Jahrmarkt zu nennen. Beide Märkte, im Hannoverschen Wendland gelegen, scheinen bei Händlern und Käufern gleichermaßen beliebt gewesen zu sein. Diese Märkte wurden sicherlich von Händlern und Werkstätten aus dem Thüringer Wald mit blanken Spanschachteln beliefert. Vielleicht wurden aber auch einige Spanschachteln in Satemin direkt von den ortsansässigen Siebern, die auf dem Lande ja oft mit den Schachtelmachern zusammenarbeiteten, angefertigt. Von den Malern, die sonst für den bunten Giebelschmuck der wendländischen Fachwerkhäuser zuständig waren, könnten sie bemalt worden sein. Vieles deutet auf diese These hin, sie läßt sich allerdings im nachhinein nicht mehr eindeutig belegen. Ein Großfeuer hat das gesamte Rundlingsdorf Satemin Mitte des letzten Jahrhunderts vernichtet. Die Fachwerkhäuser wurden zwar sofort nach dem Brand wieder aufgebaut, der beliebte Markt fand aber anschließend nie mehr statt. Nun erinnern uns nur noch einige Spanschachtelreime an diese Zeit: „Auf dem Markt in Satemin / da tanzten wir sonst nach der Violin."

Diese buntbemalten, alten Spanschachteln, versehen mit Schachtelreimen und verziert mit Rosen und Ranken, faszinieren uns heute noch und lassen jedes Sammlerherz höher schlagen.

Viele dieser bemalten Spanschachteln landeten im Laufe der Zeit in Museen oder wurden von Privatsammlern aufgekauft. Die größte Sammlung kann das Detmolder Museum vorweisen. Ein Bestandskatalog des Museums führt alle Spanschachteln der Sammlung, auch Rohlinge, also blanke Spanschachteln, einzeln auf.

Inzwischen sind die blanken Spanschachteln ebenso selten geworden wie ihre prachtvollen Schwestern. Es ist ihnen ihrer Schlichtheit wegen im Laufe der Zeit nicht immer gut ergangen, und sie haben meist ein unbeachtetes Dasein auf dem Speicher oder im Keller geführt, was ihnen natürlich nicht gerade bekommen ist. Die beschädigten, meist vom Holzwurm befallenen Spanschachteln landeten dann irgendwann auf dem Müll. Den buntbemalten Kolleginnen ging es da schon besser. Sie wurden von Generation zu Generation weitergegeben und hatten so oftmals die Chance, unbeschädigt in unsere heutige Zeit hinübergerettet zu werden.

Schachtelreime

Sonst tanzte ich mit meiner Cathrin / Auf dem Markt in Satemin
Auf dem Lüchower Ostermarkt / Ich in dich verliebet ward
Des Herzens beste Zeit / ist die Zufriedenheit
Mein Herz in mir / teil ich mit dir
Ihr Kinder folget meinem Rat / und wandelt auf der Tugend Pfad
Niemals wird von mir gebrochen / was ich einmal hab versprochen
Wahre Freundschaft weichet nicht / bis der Tod das Herze bricht
Was der Himmel mir beschieden / mit dem bin ich wohl zufrieden
Was ich hab in meinem Leben / will ich Tag und Nacht dir geben
Ein treues Weib, ein eigner Herd / ist mehr denn Millionen wert

Herstellung der Spanschachteln

Das 18. und das 19. Jahrhundert gelten als die Blütezeit der bemalten Spanschachteln. Es lassen sich zwar auch wesentlich ältere Exemplare nachweisen, aber nicht in einem so großen Umfang.

Überall in waldreichen Gegenden Europas mit Tannen- und Fichtenbestand fertigten die Schachtelmacher damals die beliebten Spanschachteln an, die uns auch heute noch immer wieder aufs neue erfreuen.

Mancherorts nannte man die Spanschachtel auch Gadel und ihre Hersteller Gadler. So war dies zum Beispiel in Berchtesgaden der Fall. Im Mittelhochdeutschen bedeutet gaden „Haus von nur einem Raum", also Einraumhaus. Treffender könnte man den Charakter der Spanschachtel wohl nicht bezeichnen.

Für die Herstellung der Spanschachteln konnte nicht jedes beliebige Holz verwendet werden; in der Regel kam nur Weichholz, also Tannen- und Fichtenholz in Frage. Es wurden nur gerade gewachsene, schmale Stämme mit feinen, parallel verlaufenden Jahresringen verarbeitet. Nur so konnte vermieden werden, daß beim Spalten des Holzes zu dünnen Brettern zuviel Spannung aufkam. Schaut man sich die blanken, unbemalten Spanschachteln daraufhin einmal genauer an, so kann man dies nur bestätigen. Allerdings gibt es auch hier Ausnahmen von der Regel. Ich selber besitze eine solche „Montagsausgabe": Die Korpuszarge einer meiner alten blanken Spanschachteln weist so viele Wirbel im Holz auf und hat dadurch eine so große Spannung, daß ich den Deckel jedesmal nur mit äußerster Vorsicht abnehmen kann, um ein Brechen der Korpuszarge oder des Deckels zu vermeiden.

Die Spanschachtel besteht aus vier Teilen. Das sind zum einen die Seitenwände, also Korpus- und Deckelzarge, dann der in den Korpuszargenring eingepaßte Boden und schließlich der ebenfalls eingepaßte Deckel. Die Dicke und Höhe der Zargen hängt von der jeweiligen Breite der gespaltenen Holzbretter ab. Für kleinere Spanschachteln spaltete man dementsprechend

Eine mit österlichem Motiv bemalte ovale Spanschachtel (Maße: 5/12/15 cm). In dieser
Spanschachtel überwintern die „Kleinsten der Kleinen". Die Henne behütet den Eierschatz
sorgfältig und bringt ihn sicher über den Winter. Können Sie sich ein schöneres Winterquartier vorstellen?

schmale Bretter auf, für die großen Spanschachteln wählte man breitere Bretter. Die Höhe der Zargen ging auch bei den großen Spanschachteln selten über 15 bis 20 cm hinaus. Je nach Bedarf fertigte man kleine und große, runde, ovale, flache und hohe Spanschachteln an. Für ganz hohe Spanschachteln leimte man die Zargen übereinander und versah diese zusätzlich mit einem Holzring.

Nach dem Spalten des Holzes zu dünnen Brettern wurden diese mehrfach gewässert und anschließend um einen hölzernen Formstock oder um eine entsprechende eiserne Form gebogen und mit Klemmen festgespannt. Nach dem Trocknen wurden die so geformten Bretter vom Formstock abgenommen und an der Nahtstelle verleimt. Der auf diese Weise entstandene Zargenring erhielt als zusätzliche Sicherung und als schmückende Beigabe ein Flechtwerk aus Weidenholz. Noch heute kann man aus der Art der Verleimung und des Flechtwerkes Rückschlüsse auf die unterschiedlichen Herstellungsregionen ziehen.

Für den Boden und den Deckel der Spanschachtel wurde ein Brett verwendet, das etwas dicker war als das der Zargen; hier konnte auch das weniger gute Holz eingesetzt werden. Alles mußte genau auf Maß gearbeitet werden, um die Paßgenauigkeit aller Teile zueinander zu gewährleisten. Waren Boden und Deckel genau in die Zargenringe eingepaßt, wurden beide mit kleinen Holznägeln an der jeweiligen Zarge befestigt.

Alles in allem ein Vorgang, den der Spanschachtelbauer zur damaligen Zeit täglich mehrfach erledigen mußte, um von seiner Arbeit leben zu können. Bis zu 500 kleinere Spanschachteln fertigte zum Beispiel eine Familie tagtäglich in Heimarbeit an und dies alles für einen Hungerlohn. Selbst von den großen Spanschachteln baute mancher Spanschachtelbauer bis zu 50 Stück in der Woche. Verkauft wurden in der Regel ganze Sätze, wobei nicht selten 20 Spanschachteln passend ineinander geschachtelt waren. Diese Praxis vereinfachte den Transport natürlich entscheidend.

Wenn man wie wir auf dem Lande wohnt, hat man natürlich auch Katzen. Auf dieser ovalen Spanschachtel sind Annie und der Kater Lillebror (das ist dänisch und heißt „kleiner Bruder") verewigt. So wie hier haben sie so manches Stündchen im Gras liegend die Sonnenstrahlen genossen. (Maße: 5/15/25 cm, die kleine Dose hat einen Durchmesser von ca. 5 cm)

Wohin mit all den Kindheitserinnerungen? Dem Taufkleid, den ersten Schühchen, der Puppe und dem abgegriffenen Teddybär? Wer hätte nicht gerne eine solche Spanschachtel, die – wie diese hier – ein Stück Kindheit beherbergt mit allem, was dazu gehört, vom Schnuller bis zum abgeschnittenen Haarzopf. (Maße: 10/24/32 cm)

Die Art und Weise der Herstellung der Spanschachteln und entsprechend auch Material und Werkzeug haben sich im Lauf der Jahrhunderte nie groß verändert, so daß sich die Spanschachtelherstellung im frühen 20. Jahrhundert nicht wesentlich von der des 18. Jahrhunderts unterscheidet. Erst in jüngerer Zeit ging man dazu über, die Zargen aus maschinengehobelten Brettern herzustellen. Diese Entwicklung ist sicherlich auch damit zu begründen, daß es immer weniger Handwerker gab, die die alte Technik richtig gelernt hatten. Natürlich spielten auch die Kosten eine große Rolle. Boden und Deckel litten ebenfalls unter der Abmagerung; sie wurden nun nicht mehr aus Massivholz gespalten, sondern teilweise aus furniertem Sperrholz angefertigt. Die Spanschachteln haben damit leider ihren ursprünglichen Charme verloren. Pappe und Blech traten als Verpackungs-Konkurrenten auf und leiteten damit das Ende der alten Spanschachtelherstellung ein.

Trotz allem ist die Spanschachtel nicht in Vergessenheit geraten. Sie verkörpert das Echte, Natürliche und Beständige und erlebt gerade in unserem Wegwerf-Zeitalter eine neue Renaissance. Immer mehr Menschen – auch in anderen Ländern – entdecken wieder den Reiz, den eine Spanschachtel ausstrahlt.

Renaissance der Spanschachtel

Spanschachteln werden bis auf wenige Ausnahmen heute nur noch für den Hobbybereich angeboten. Die Verpackungsfunktion der Spanschachteln ist dagegen fast völlig zurückgetreten; als einziges Überbleibsel fällt mir nur die kleine, runde Käseschachtel ein, die allerdings geleimt und getackert ist. Wer aber glaubt, die Spanschachtel-Ära sei damit endgültig beendet, der täuscht sich.

Im Hobbybereich nimmt die Spanschachtel einen immer wichtigeren Platz ein. Das kann die Firma Bühler in Frutigen in der Schweiz bestätigen, die seit einigen Jahren eine regelrechte Spanschachtel-Renaissance erlebt. Die Firma läßt in Heimarbeit Spanschachteln nach alter Tradition und alten Vorlagen fertigen, und diese Spanschachteln sind auch ohne Bemalung wahre Schmuckstücke. Wer also erst einmal richtig Feuer gefangen hat, sollte sich für sein Hobby die Spanschachteln aus der Schweiz leisten, es lohnt sich auf

Bei diesen Zeichnungen dienten alte Glanzbilder als Vorlagen. Sie eignen sich besonders für weihnachtliche Spanschachtelmotive.

jeden Fall. Besonders die breiten Zargen sind für umlaufende Blumen- und Rankenbänder ideal; einfache Spanschachteln haben leider meist nur einen schmalen Zargenrand.

Wer keine Gelegenheit hat, mal eben in die Schweiz zu fahren, kann diese Schachteln auch in Deutschland bestellen. Die Bezugsadresse steht im Anhang dieses Buches.

Zu erwähnen sind noch die sogenannten Shakerschachteln. Sie sind sehr edel gearbeitet, zum Beispiel aus Vogelaugenahorn- oder Kirschbaumholz, und mit kleinen Kupfernägeln verziert. Zum Bemalen sind sie fast zu schade. Diese Schachteln kommen aus Amerika und sind in den letzten Jahren auch hier bei uns in den Großstädten angeboten worden.

Das einzige Spanschachtelmuseum der Welt befindet sich in der Schweiz. Von der Firma Bühler eingerichtet, wird es von Yvonne und Kurt Hilpert liebevoll geleitet. In den Dachgeschoßräumen ihres Hauses in Steffisburg kann man Hut-, Instrumenten-, Brautkranz-, Tauf-, Apotheker- und Kleiderschachteln bewundern. Sogar ein kleiner Säuglingssarg, der wohl aus der Pestzeit stammt, findet sich unter den Exponaten. Ergänzt wird die Sammlung durch eine Reihe besonders schöner, neuer Spanschachteln.

Im Sommer 1989 fand in Interlaken ein großes, internationales Spanschach-

Diese kleinen, runden Spanschachteln (Durchmesser 5 cm) sind ideal für Anfänger. Sie werden mit Dispersionsfarben zweifach grundiert und mit feiner Stahlwolle nachbehandelt. Die Zeichnung wurde mit Feder und weißer Tusche aufgetragen.

telmaler-Treffen statt. Etwa 70 Aussteller aus aller Welt waren dort vertreten. Auch meine Tochter und ich haben an diesem Treffen teilgenommen und sind begeistert und mit vielen neuen Ideen wieder 'gen Norden gefahren. Das Treffen hat schließlich den Ausschlag für dieses Buch gegeben, und ich kann nur hoffen, daß immer mehr Hobbymaler die Spanschachtel für sich entdecken und mit eigenständigen Ideen und guten, originellen Ergebnissen an solchen Veranstaltungen teilnehmen.

Zum Ei die passende Spanschachtel: warum nicht, wenn es hübsch anzusehen ist! Die Zeichnung wurde mit Feder und Tusche auf die zuvor blau grundierte Spanschachtel aufgetragen. Natürlich können Sie auch andere Farben dafür nehmen; ich habe nun einmal eine Vorliebe für Blau – Sie vielleicht für Rot. Für zittrige Hände eignet sich diese Technik nicht so gut, denn die Zeichnungen wirken vor allem durch ihre Exaktheit.

Das Material

Bevor Sie sich an Ihre ersten Übungen wagen, möchte ich Ihnen noch einiges Wissenswerte über die wichtigsten Materialien sagen, die Sie für Ihr neues Hobby benötigen.

Da ist als erstes einmal die Spanschachtel selbst, die es anzuschaffen gilt. Die bereits erwähnten guten Schweizer Spanschachteln sind natürlich auch die teuersten, ich finde aber, daß sich die Ausgabe auf jeden Fall lohnt. Für erste Übungen reichen natürlich auch ein Holzbrettchen oder eine einfache Spanschachtel, wie Sie sie in jedem Bastelgeschäft kaufen können.

Man unterscheidet Spanschachteln und Sperrholzdosen. Letztere haben mit den Spanschachteln nur die Funktion und teilweise auch die Form gemeinsam. Die Herstellung dagegen ist eine völlig andere. Für uns bedeutet das, daß die Vorarbeit für die Bemalung, nämlich das Schleifen, bei den Sperrholzdosen meist aufwendiger ist als bei den besser gearbeiteten guten Spanschachteln. Zum Bemalen eignen sie sich natürlich genausogut, es kommt nur auf den Standpunkt an und auch auf die Art der Bemalung. Sperrholzdosen sind sehr stabil, aber auch wesentlich schwerer als Spanschachteln. Das Flair und die Leichtigkeit einer Spanschachtel werden sie allerdings nie erreichen. Entscheidend für Ihre Wahl wird der Verwendungszweck der Schachtel sein.

Als nächstes benötigen Sie für Ihr neues Hobby die entsprechenden Materialien, die ich hier einzeln aufführe. Im Anschluß werde ich noch genauer auf verschiedene Materialien wie zum Beispiel Pinsel und Farbe eingehen. Haben Sie bei der Spanschachtel noch die Qual der Wahl, fällt Ihnen die Materialbeschaffung sicher leichter – dafür ist die Liste aber sehr umfangreich.

Fangen Sie gleich morgen an. Aller Anfang ist zwar schwer, aber die auf Seite 25 und 26 abgebildeten einfachen Spanschachteln werden Ihnen den Einstieg erleichtern.

Materialliste

Ihre Materialliste sieht also folgendermaßen aus:

1. Bleistifte zum Skizzieren (weich, mittel und hart)
2. Filzschreiber in verschiedenen Farben
3. Konturenstift weiß / Aquarellstift (von Faber)
4. Skizzenblock aus Transparentpapier zum Durchpausen der Muster
5. Zeichenpapier oder Zeichenblock für Entwürfe
6. Durchschlagpapier zum Durchpausen der Zeichnungen auf die Spanschachtel
7. Wasserfarben
8. Dispersionsfarben und Malmittel (zum Beispiel von Deka, Wacofin, Plaka oder Marabu)
9. Pinsel in verschiedenen Größen und für unterschiedliche Zwecke: Grundierpinsel (20 mm, flach), Schlußkünstlerpinsel (1 – 4 mm, flach), Rotmarderpinsel (00-4 mm, rund)
10. Tusche weiß, schwarz und rot (von Pelikan)
11. Federhalter und Federn (Schreib- und Zeichenfedern)
12. Bienenwachs für Möbel (anstelle von Lack)
13. Patina, wenn gewünscht
14. Füllstoff für Unebenheiten, meist nur nötig bei Sperrholzdosen (Relius Füllspachtel, in Malerbedarfs-Geschäften erhältlich)
15. Spachtel zum Auftragen der Spachtelmasse
16. Schleifpapier (fein bis mittel)
17. Stahlwolle (fein, sehr fein)

Die Materialien können Sie in jedem guten Schreibwarengeschäft bzw. in Bastelgeschäften kaufen. Schleifpapier, Stahlwolle, Spachtelmasse und Spachtel erhalten Sie in Malerbedarfs-Geschäften, das Bienenwachs in Drogerien.

Immer emsig sind diese Hennen. Verschieden große ovale Spanschachteln mit Hennenmotiv sind für meine Eiersammlung das ideale Quartier. Mit den unterschiedlichsten Rändern, Gräsern und Ranken versehen, läßt sich das Motiv „Henne" immer wieder neu gestalten.

Dazu kommen noch die zusätzlichen Hilfsmittel, die Sie sicherlich vorrätig haben:

1. Plastikdecke oder Plastikfolie (Malerabdeckfolie)
2. Zeitungspapier
3. Küchenrolle
4. Baumwoll-Lappen – diverse Größen
5. Schwamm – einfacher Haushaltsschwamm
6. Verschiedene Wasserbecher – möglichst standfest!
7. Alte Teller als Malpalette
8. Kleine Gläser mit Schraubdeckel für Farbreste
9. Malkittel (altes Oberhemd)

Dies alles sollten Sie im Haus haben, ehe Sie mit dem Bemalen der Spanschachteln beginnen. Die von mir hier im Buch gezeigten Skizzen sollen Ihnen über die ersten Malhürden hinweghelfen. Suchen Sie sich am Anfang bewußt nicht gerade einen der schwierigsten Mustervorschläge aus. Beginnen Sie besser mit den einfacheren Mustern, zum Beispiel mit einer weißen Tuschezeichnung auf einer blau grundierten Spanschachtel. Das ist wirklich nicht schwer und obendrein sehr wirkungsvoll. Sind die ersten Ergebnisse zufriedenstellend, sollten Sie sich an eine bunt bemalte Spanschachtel wagen. Wählen Sie zunächst nur wenige Farben, die aufeinander abgestimmt sind, vielleicht sogar nur Abtönungen, bis Sie schließlich immer mutiger werden. Später kombinieren Sie nach und nach verschiedene Vorschläge miteinander und alles weitere wird dann schon von ganz alleine kommen.
Geben Sie auf keinen Fall zu früh auf. Meine Erfahrung aus Kursen ist, daß die meisten Menschen mehrere Anläufe brauchen.
Was die Motive betrifft, möchte ich Ihnen hier im Buch mit ein paar Skizzen für den Anfang aushelfen. Ich verwende gerne alte Postkartenmotive und Glanzbilder, aber auch Stoff- und Tapetenmuster sind geeignet. Also: Augen auf bei der Motivsuche!

Motiv aus einem alten Liederbuch. Mit einem entsprechenden Rand versehen, eignet sich das Motiv besonders für eine Spielzeug-Spanschachtel. In diesem Fall ist es vielleicht besser, eine Sperrholzdose zu bemalen.

Ihr Arbeitsplatz und erste Vorbereitungen

Es gibt beim Malen nichts Schlimmeres, als alles immer hin und her räumen zu müssen, suchen Sie sich deshalb am besten erst einmal einen hellen und ruhigen Arbeitsplatz aus. Er sollte lieber zu groß als zu klein sein, denn es sind doch eine Menge Dinge, die untergebracht werden müssen. Wenn Sie keinen eigenen Arbeitsplatz zur Verfügung haben, rate ich Ihnen auf jeden Fall zur Anschaffung eines großen Tabletts. Sie haben so Ihre Materialien immer beisammen und können sie jederzeit schnell ausbreiten.

Eine gute Beleuchtung sollte selbstverständlich sein, leider ist sie aber nicht immer gerade dort vorhanden, wo Sie Ihren Arbeitsplatz aufbauen wollen. Sehr hilfreich sind schwenkbare Klemmlampen, die es für 60- und für 100-Watt-Birnen gibt. Eine 60-Watt-Lampe reicht auf Dauer zum guten Ausleuchten nicht aus, planen Sie deshalb am besten gleich die stärkere Version für Ihren Arbeitsplatz ein.

Wenn Sie nun alles griffbereit aufgebaut haben, kann es losgehen. Das Wichtigste ist die Vorarbeit. Vor dem eigentlichen Grundieren müssen die Spanschachteln mehrfach gut geschliffen werden. Besonders bei den einfacheren Spanschachteln dürfen Sie darauf keinesfalls verzichten. Bei den Sperrholzdosen müssen Sie sogar noch mehr Zeit für die Vorarbeit einkalkulieren, denn sie sind an den Bugstellen meistens sehr rillig und uneben, so daß sie zusätzlich mit einem Füllstoff ausgespachtelt werden müssen.

Nach dem ersten Schleifvorgang wird die Spanschachtel mit einem nassen – aber nicht triefend nassen – Schwamm leicht angefeuchtet und nach dem Trocknen dann noch einmal geschliffen. Dieser Vorgang muß – wenn nötig – öfter wiederholt werden.

Dabei dürfen Sie die umlaufenden Kanten der Zargen auf keinen Fall vergessen. Am besten kann man sie mit dem Schleifpapier und einem Schleifklotz leicht abrunden, so daß diese empfindlichen Stellen später nicht so leicht absplittern und einreißen. Das Innere der Spanschachtel wird ebenfalls gründlich geschliffen. Um die Rundungen besser schleifen zu können, rollen

Spanschachteln mit Weihnachtsmotiven sind bei alt und jung gleichermaßen beliebt. Auf Seite 48 finden Sie verschiedene Rankenvorschläge abgebildet, die Sie mit einem entsprechenden weihnachtlichen Innenmotiv kombinieren können. Jeweils ein wenig abgewandelt, lassen sich die schönsten Ergebnisse erzielen.

Sie sich ein wenig Schleifpapier um eine kurz abgeschnittene Dübelstange. Nun können Sie Ihre so vorbehandelte Spanschachtel guten Gewissens grundieren.

Die Grundierung der Spanschachtel

Die Grundierung Ihrer Spanschachtel ist ganz entscheidend für den Erfolg der Endbemalung. Es gibt eine ganze Reihe von verschiedenen Möglichkeiten, die Spanschachtel zu grundieren. Früher wurden die Spanschachteln mit farbiger Naturbeize, größtenteils mit einer roten Krappholzbeize vorbehandelt. Diese Art der Grundierung setzt aber ein schön gewachsenes Holz voraus, also ein schön gemasertes Zargenholz, wie es ja bei den alten blanken Spanschachteln verwendet wurde. Diese Grundiertechnik kommt deshalb nur für die guten Schweizer Spanschachteln in Frage, ist aber auch da nicht unbedingt ein Muß; sie entfällt für die einfachen Spanschachteln.

Wenn Sie mit Beize vorgrundieren möchten, können sie dies mit jeder im Handel erhältlichen Holzbeize tun. Welche Farbe Sie wählen, liegt ganz allein an Ihrer Gesamtkonzeption. Am häufigsten werden Brauntöne verwendet, zum Beispiel Walnuß oder Eiche. Auf diese transparente Grundierung kann anschließend mit deckenden Farben – also Dispersionsfarben – gemalt werden. Überall dort, wo keine deckende Farbe ist, schimmert die Holzmaserung noch durch und verleiht der Spanschachtel ihren speziellen Ausdruck.

Ich selbst bevorzuge allerdings die deckende Grundierung mit einer Dispersionsfarbe. Die hier im Buch abgebildeten Spanschachteln sind mit ein paar Ausnahmen nur mit Wacofin Bastelfarbe vorgrundiert worden. Die Farbe wurde leicht verdünnt und mit Hilfe eines breiten Grundierpinsels auf die zuvor gut geschliffene Spanschachtel mehrmals dünn aufgetragen. Der Anstrich muß in Richtung der Maserung aufgetragen werden. Dort, wo sich immer noch Holzfasern durch die Feuchtigkeit aufstellen, nochmals schleifen. So erhalten Sie eine wirklich perfekte, glatte Oberfläche und Ihr Pinsel wird es Ihnen mit gerade fließenden Linien danken. Dies gilt ganz besonders für die Malweise mit Feder und Tusche. Auf einem rauhen Untergrund wird sich die Feder sträuben, und entsprechend krakelig ist das Ergebnis. Wenn Sie die grundierte Spanschachtel mit feiner Stahlwolle nachbehandeln, achten Sie bitte darauf, daß Sie nicht zuviel schleifen, wenn Sie später eine Federzeichnung auftragen wollen. Ist die Fläche nämlich zu glatt, perlt die Tusche ab. Das betrifft natürlich nicht das Malen mit Pinsel und Farbe.

Wenn Sie es ganz perfekt machen möchten, rate ich Ihnen zu einem zusätzlichen verdünnten Perlleim-Anstrich. Perlleim erhalten Sie in jeder Drogerie. Aufgelöst in lauwarmem Wasser und über Nacht aufgequollen, läßt er sich wunderbar auf die farbige Grundierung auftragen. Das Ergebnis ist verblüffend: Ihre Feder oder Ihr Pinsel rennen Ihnen buchstäblich davon.

Nun haben Sie alle Voraussetzungen für ein gutes Malergebnis geschaffen, und es kann richtig losgehen. Ob Sie nun Blumen malen wollen oder Tiermotive, Spanschachteln für Ostern, für Weihnachten, zur Hochzeit oder zur Taufe: richtig umgesetzt ist alles machbar.

Dies ist meine Lieblingsschachtel. Sie hat so viele liebevolle Details, daß ich mich jedesmal wieder von neuem freue, wenn ich sie in die Hand nehme. Auch ihr Innenleben ist nicht zu verachten. Die Innenseite des Deckels (abgebildet auf Seite 62) und der Unterboden der Schachtel sind zusätzlich mit vielen kleinen weihnachtlichen Zeichnungen bemalt: ein wirkliches Prachtstück! (Maße: 17/34/45 cm)

Die Bemalung

Den gewählten Entwurf übertragen Sie nun mit dem weißen Konturenstift auf die Spanschachtel. Sie können natürlich auch Pauspapier zu Hilfe nehmen und die gewünschte Zeichnung mit einem harten Bleistift auf die Spanschachtel durchpausen. Je nach Größe Ihrer Spanschachtel müssen Sie die hier im Buch abgebildeten Skizzen eventuell verkleinern oder vergrößern. Das machen Sie am besten mit einem Fotokopiergerät, mit dem Sie stufenlos verkleinern oder vergrößern können. Diese Fotokopiergeräte vereinfachen Ihnen das aufwendigere Umsetzen der Größe mit Hilfe von Rasterkästchen.

Die Vorzeichnung kann, wenn gewünscht, der besseren Übersicht wegen auch noch mit Pinsel und dünner Wasserfarbe nachgezogen werden. Der weiße Konturenstift läßt sich mit einem leicht angefeuchteten Baumwoll-Lappen jederzeit wieder abwischen. So ist ein Korrigieren der Zeichnung so lange möglich, bis Sie mit dem Ergebnis zufrieden sind.

Inzwischen müssen Sie sich über eine Farbzusammenstellung Ihrer Bemalung Gedanken machen. Eine zuvor auf dem Skizzenpapier angefertigte Zeichnung hilft Ihnen da weiter. Sie wird mit Filzschreibern oder mit Wasserfarben ausgemalt. Auf diese Weise erhalten Sie eine wenn auch nur grobe Vorstellung vom gewünschten Endresultat. Die feinen Farbnuancen legen Sie dann erst beim Ausmalen fest.

Die farbige Skizze soll ja auch nur eine Hilfestellung sein.

Vermeiden Sie möglichst grelle Farben. Die besten Ergebnisse erzielen Sie mit Mischungen und untereinander abgetönten Farben. Theoretisch lassen sich alle deckenden Farben aus den drei Primärfarben (Grundfarben) Rot, Gelb und Blau mischen. Aber da die Farbgläser sowieso nur so kleine Mengen beinhalten, bliebe, wenn Sie alle Farben selbst mischen wollten, zum Schluß keine der Primärfarben mehr übrig. Besser ist es also, Sie legen sich eine größere Anzahl von Farben zu.

Welche Farben sollen es nun sein? Ich rate zur Anschaffung von Kunststoffdispersionsfarben, die Sie in Hobbyläden oder Zeichenbedarfsgeschäften kaufen können. Verschiedene Firmen bieten diese Farben an, so zum Beispiel Marabu, Deka, Plaka und Wacofin. Alle diese Produkte sind nach dem gleichen Prinzip hergestellt.

Kunststoffdispersionsfarben sind wasserverdünnbare, nach dem Trocknen wasser- und wischfeste Farben. Sie enthalten kleinste Kunststoffteilchen und Bindemittel, die gleichmäßig in Wasser verteilt sind. Wird die Kunststoffdispersionsfarbe auf einen saugenden Untergrund aufgetragen, dringt bei Normaltemperatur ein Teil des Wassers und ein Teil der Hilfsmittel in den Grund ein. Der andere Teil schwimmt sozusagen auf der Oberfläche und bildet dort einen zusammenhängenden Kunststoff-Film, in den die Farbpigmente eingebettet sind. Der Untergrund muß immer staub- und fettfrei sein, da sich der Kunststoff-Film sonst vom Untergrund abheben würde. Dispersionsfarben trocknen sehr schnell, und das kann für manche Hobbymaler, die zuvor mit Ölfarben gearbeitet haben, eine große Umstellung in der Malweise bedeuten. Es gibt jedoch auch Hilfsmittel, die den Prozeß des Trocknens verlangsamen oder auf Wunsch sogar zusätzlich noch beschleunigen. Man nennt diese Hilfsmittel Malmittel. Malmittel sind pigmentlose Malstoffe, die dazu dienen, die Farbe zu verdünnen. Sie bewirken durch Zusatzstoffe das gleichmäßig schnelle oder langsame Trocknen des Farbanstrichs, je nachdem, welches Malmittel eingesetzt wurde. Als Anfänger werden Sie allerdings selten zu dem schnell trocknenden Malmittel greifen, sondern mit dem langsam trocknenden operieren. Sie haben so die Möglichkeit, Ihre aufgetragenen Farben länger zu verändern und bei größeren Flächen genügend Zeit, um einen gleichmäßigen Anstrich zu erreichen. Gerade in letzterem Fall trocknet Ihnen die Farbe, wenn sie ohne Malmittel aufgetragen wurde, zu schnell, und es entsteht keine gleichmäßig verlaufende Farbfläche, sondern häßliche Streifen.

Malmittel gibt es fertig zu kaufen, sie sind mit den jeweiligen Farben angemischt nach dem Trocknen ebenfalls wasserunlöslich.

Da scheint jemand davonzulaufen! Hoffentlich hat er seine Pflicht erfüllt und den Kindern genügend bemalte Eier gebracht.

Diese Spanschachtel (Maße: 6/14/18 cm) gehört zu den ersten Exemplaren, die unsere Tochter Sandra für meine Eiersammlung angefertigt hat. Auch hier sind der Unterboden und die Zargen aufwendig bemalt.

Anstelle der im Handel erhältlichen Malmittel können Sie sich auch auf andere Weise helfen. Mit Waschbenzin (Testbenzin) läßt sich der Trocknungsprozeß der Farbe beschleunigen und mit Terpentinöl oder mit etwas Glyzerin erreichen Sie – wenn gewünscht – genau das Gegenteil.

Wegen des raschen Antrocknens der Farbe sollten sie auch beim Mischen von kleineren Mengen möglichst keine Flachpalette verwenden. Eine Palette mit Vertiefungen, zum Beispiel eine Wasserfarbenpalette, ist da besser geeignet. Schließen Sie nach Entnahme der Farbe die Farbgläser immer sofort wieder, oder decken Sie sie ab, um ein Antrocknen der Farboberschicht zu vermeiden. Achten Sie darauf, daß keine Farbreste auf den Deckelrändern bleiben. Es kann sonst leicht passieren, daß Sie Ihr Farbglas mit diesen Farbresten auf ewig verschweißen.

Kunststoffdispersionsfarben trocknen nicht nur gut und schnell auf Ihrem Malgrund, sondern ebenfalls auf Dauer am Pinsel und an allen anderen Arbeitsgeräten an. Deshalb müssen Sie dafür sorgen, daß alle Arbeitsgeräte regelmäßig zwischengereinigt werden. Dies gilt besonders für die Pinsel. Einmal zu spät ausgewaschen, und Sie können Ihren teuren Rotmarderpinsel vergessen. Außerdem hinterlassen angetrocknete Farbreste in den Pinseln eine Art Farbgries, der sich beim Auftragen neuer Farbe untermischt und eine unschöne Streifenbildung bewirkt.

Normalerweise sind Dispersionsfarben verschiedener Hersteller untereinander gut mischbar. Ausnahmen bestätigen allerdings wie immer die Regel. Deshalb ist es sinnvoll, wenn Sie sich vor dem Mischen durch eine Probe auf einem Holzbrettchen vergewissern. Schaden kann das jedenfalls nicht.

Dispersionsfarben trocknen am besten bei Zimmertemperatur. Unter 10 Grad Celsius findet keine vollständige Filmtrocknung, also kein gleichmäßiges Trocknen der Farbe statt. Das ist für all diejenigen wichtig zu wissen, die mit Dispersionsfarben vorgrundieren und ihre Spanschachteln zum Trocknen in kühlen Abstellräumen unterbringen. Achten Sie dabei also auf die richtige Temperatur. Die Farben selber müssen frostfrei gelagert werden, da die Qualität unter Kälteeinfluß erheblich leidet.

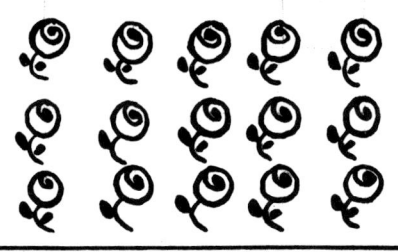
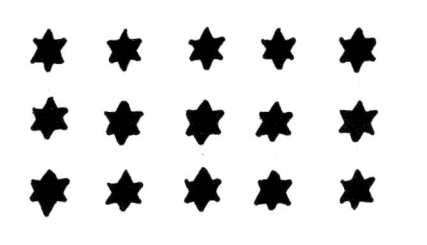

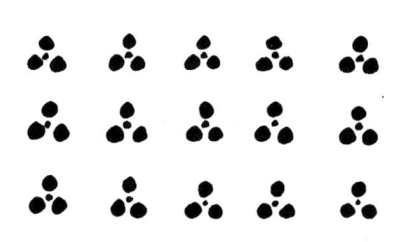

41

Für den Anfänger ist ein großes Farbsortiment sicherlich kein notwendiges Muß. In der Regel reicht ein Grundsortiment, in das Sie aber auf jeden Fall folgende Farbtöne einplanen sollten: Gelb, Orange, Rot, Grün, Blau, Schwarz und Weiß.

Von Schwarz und besonders von Weiß sollten Sie sich eine größere Menge zulegen. Dasselbe gilt für die Farbe, mit der Sie Ihre Spanschachteln grundieren möchten.

Die Farben lassen sich dünn, also mit Wasser vermischt, auftragen. Sie können aber auch direkt aus dem Farbglas unverdünnt verwendet werden. Auch sehr dick aufgetragene Farbschichten trocknen im Lauf der Zeit durch. Versuchen Sie aber bitte nicht, Unebenheiten im Holz oder Risse mit einem dicken Farbauftrag auszugleichen. Den Fehler habe ich am Anfang selbst gemacht und dabei festgestellt, daß diese Stellen immer die Sorgenkinder bleiben und irgendwann doch reißen. Für das Ausbessern müssen Sie die schon erwähnten, speziell dafür vorgesehenen Füllstoffe verwenden, um so das Reißen der Farbschicht zu verhindern. Das ist auch zwischendurch noch möglich, nachdem Sie einen Teil Ihrer Bemalung schon angelegt haben. Nach kurzem Nachschleifen läßt sich die mit Füllstoff ausgebesserte Stelle wieder übermalen und bearbeiten.

Die Henne auf dieser Sperrholzdose ist besonders fleißig und wacht über 50 bemalte Enten-eier. Wie man sieht, scheint sie es sich auf der Blumenwiese gut gehen zu lassen.

Folgende Doppelseite:
Ranken, Ranken, Ranken. Farblich gut umgesetzt, schmücken sie auch ohne Mittelmotiv jede Dose. Beim Aufskizzieren des Musters müssen Sie darauf achten, daß die Aufteilung (in cm) stimmt, damit Sie ein gleichmäßig verteiltes Muster erhalten.
Die abgebildeten Muster lassen sich auch für die Zargenränder gut verwenden.

Um ein farblich wirklich gutes Resultat zu erreichen, kann es nicht schaden, wenn Sie sich zu Beginn der Malerei ein bißchen genauer mit den Farben und Mischungen vertraut machen.

Alle Grundfarben können natürlich ungemischt aufgetragen werden. Aber das ist nicht unbedingt ratsam, denn abgetönte Farben wirken immer harmonischer. Abtönungen erreichen Sie, wenn Sie einer von Ihnen gewählten Grundfarbe zum Beispiel Weiß oder eine andere Farbe in verschiedenen Mengeneinheiten beimischen. Auch Schattierungen einer Farbe sind sehr wirkungsvoll. Eine Schattierung entsteht, wenn Farben durch den Zusatz von Schwarz abgedunkelt werden. Auch dies ist natürlich in mehreren Abstufungen möglich. Ihr persönlicher Geschmack ist hierbei entscheidend, denn die Farbwahl Ihrer Bemalung bestimmt am Ende Stil und Charme der Spanschachtel.

Manche Menschen haben ein besonders gutes Farbempfinden, andere dagegen verbringen Stunden mit der Farbwahl, weil es ihnen einfach schwerer fällt. Eine gute Hilfe für die Farbwahl kann ein Farbmuster sein, das Sie selbst anfertigen können. Dabei werden Farbstreifen in den unterschiedlichsten Farbtönen und Mischungen auf ein Holzbrett aufgetragen. Die einzelnen Farbstreifen sollten mindestens 3 × 6 cm groß sein, die Holzlatten selbst am besten ungefähr 8 × 40 cm. So bleibt noch genügend Platz für die Beschriftung, also die Angabe der Mischungsverhältnisse unterhalb der jeweiligen Farbstreifen. Am besten fertigen Sie sich gleich mehrere dieser Farblatten an, denn im nachhinein hat man meistens keine Lust mehr dazu.

Die große, runde, sehr hohe Sperrholzschachtel mit dem weihnachtlichen Motiv beherbergt zur Zeit unseren Christbaumschmuck.

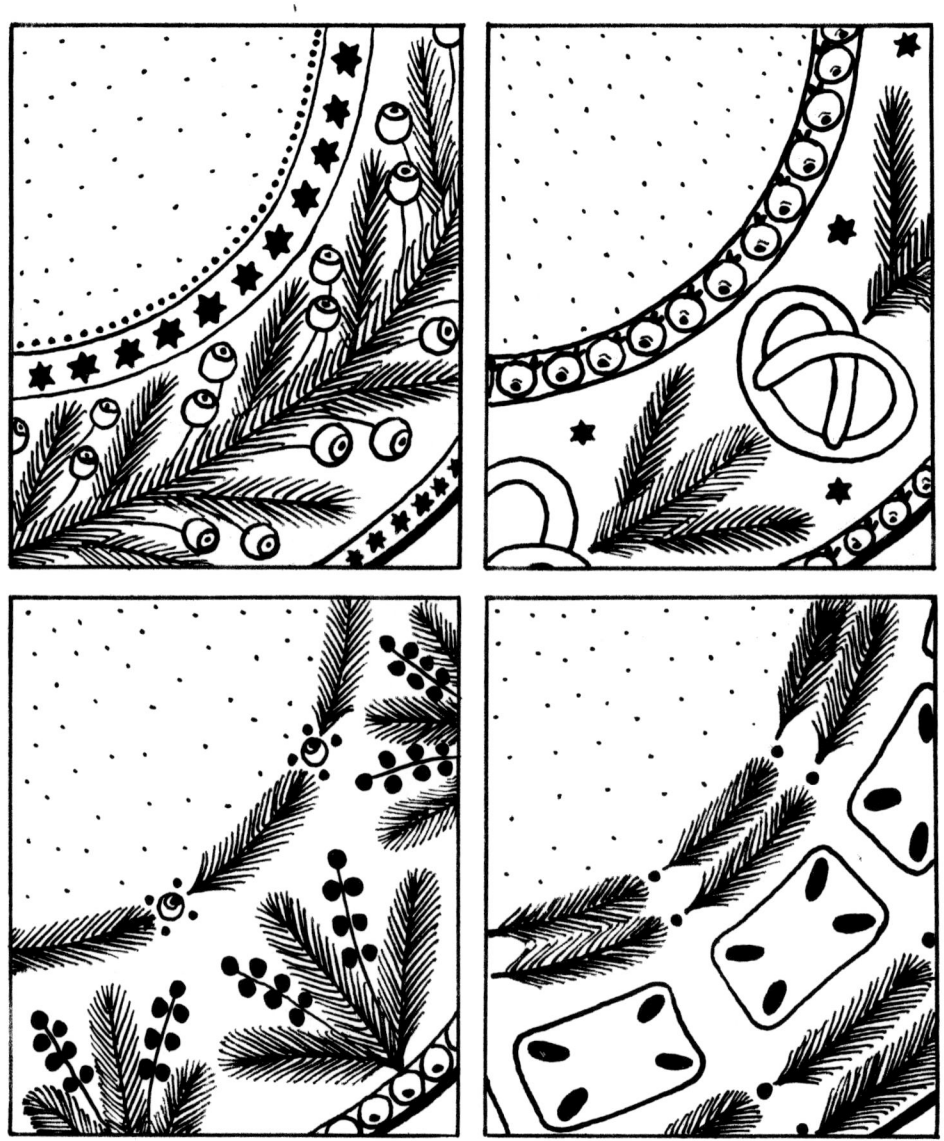

Bei dieser Weihnachtsspanschachtel wählen Sie eines der Motive von Seite 48 für die Zargen und die Deckeloberseite. Grundierung der Dose dunkelgrün, Ranken in Rot, Braun, Silber und einem helleren Grün. Das Nikolausmotiv malen Sie bunt auf hellem weißen Grund.

Die Pinsel, das wichtigste Werkzeug beim Malen

Über die Pinsel möchte ich Ihnen ein bißchen mehr erzählen, da sie das wichtigste Werkzeug beim Malen sind. Man unterscheidet Pinsel nach ihrer Machart und ihrer Größe, nach den verwendeten Haaren oder Borsten und nach dem Gebrauchszweck. Pinsel bestehen aus dem Haar- oder Borstenteil, der Metallfassung, auch Zwinge genannt, und dem Pinselstiel.

Es gibt flache, runde und abgeschrägte Pinsel und Pinsel in unterschiedlichen Dicken und Längen.

Gute Pinsel erleichtern einem das Arbeiten ganz wesentlich und sorgen gleichzeitig auch für ein gutes Malergebnis. Legen Sie also beim Kauf besonders viel Wert auf die Qualität Ihrer Pinsel. Gute Pinsel sind heute leider sehr teuer geworden und entsprechend liebevoll sollte die Pflege sein. Mit dem richtigen Pinsel können Sie Ihre Farbe so auf den Farbträger aufbringen, wie Sie es wünschen: ob nun scharfkantig oder mit vielen kleinen Strichen, alles ist machbar. Die vielen gebündelten Haare des Pinsels saugen die flüssige Malfarbe auf und speichern sie so lange, bis beim Malen die Haare gebogen werden und dadurch die Farbe herausgedrückt wird.

Feine Naturhaare halten die Farbflüssigkeit wesentlich besser als Kunststoffhaare, die Naturhaarpinsel kosten aber auch einiges mehr als Kunststoffpinsel. Rotmarderpinsel sind die besten Malpinsel und für das Bemalen der Spanschachteln unumgänglich. Für die größeren Arbeiten werden sie aber nicht eingesetzt. Zum Grundieren benützt man zum Beispiel einen breiten Grundierpinsel mit feinen Borsten.

Nun möchte ich Ihnen noch einmal ans Herz legen, die Pinsel, egal welcher Qualität, immer gut auszuwaschen. Im Pinselschaft dürfen auf keinen Fall Farbreste zurückbleiben, abgebrochene Haare und ein damit verbundener unsauberer Pinselstrich wären das Resultat und der Pinsel für immer unbrauchbar.

Also nicht vergessen: Pinsel immer so lange auswaschen, bis das Wasser klar bleibt, nasse Pinsel ausschleudern und die Spitze vorsichtig nachformen.

Pinsel nie mit den Haaren nach unten über längere Zeit im Wasserglas stehen lassen, sondern sie mit dem Stiel nach unten in einem Becher aufbewahren. Wenn Sie diese Grundregeln gewissenhaft beachten, werden Sie lange Freude an Ihren Pinseln haben.

Vor dem normalen Verschleiß können diese Regeln den Pinsel allerdings auch nicht bewahren. Dies gilt besonders für die sehr dünnen und empfindlichen Rotmarderhaarpinsel. Seien Sie großzügig und kaufen Sie sich, wenn möglich, gleich zwei oder drei von den sehr dünnen Pinseln (00 – 3), denn Sie werden sie oft einsetzen.

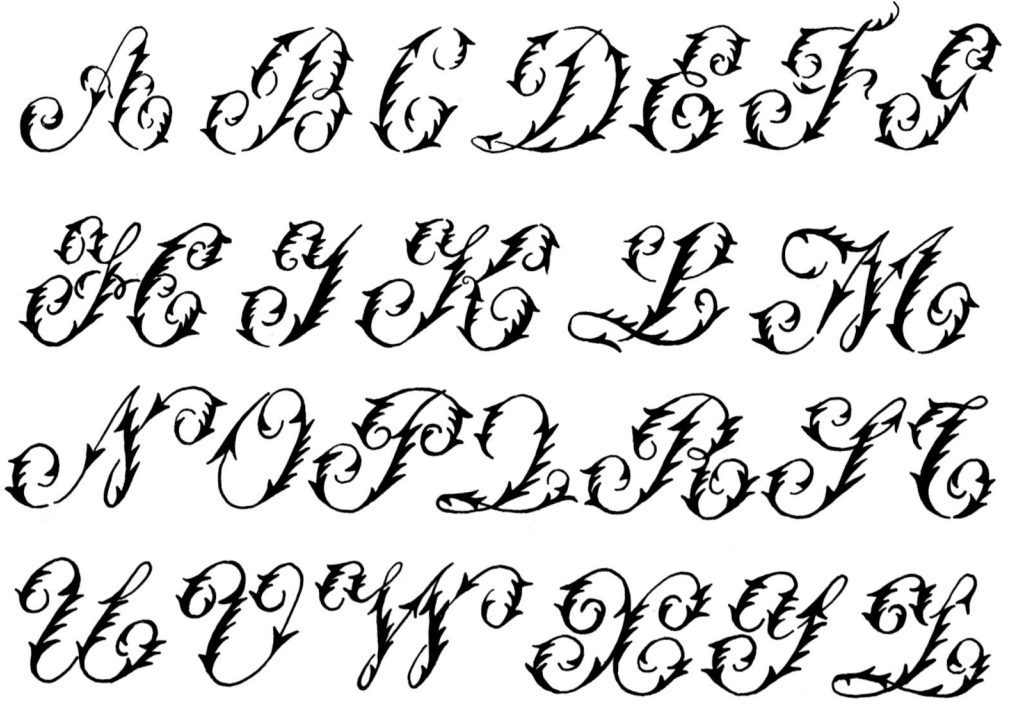

Diese Alphabete sind einem Stickmusterbuch entliehen. Alte Handarbeiten wurden oft mit aufwendigen Monogrammen versehen. Warum soll eine Schachtel nicht auch Initialen erhalten – es wirkt immer und gibt der Schachtel eine ganz persönliche Note. Schauen Sie sich nach ausgefallenen Stick-Alphabeten um, und Sie werden staunen, was es da so alles gibt. Mit Feder und Tusche lassen sich die meisten Motive gut nachzeichnen. Ganz Mutige können sogar in dieser Art die Zargenränder beschriften. Auf jeden Fall sollte der Deckelboden Ihre Initialen mit Jahreszahl erhalten.

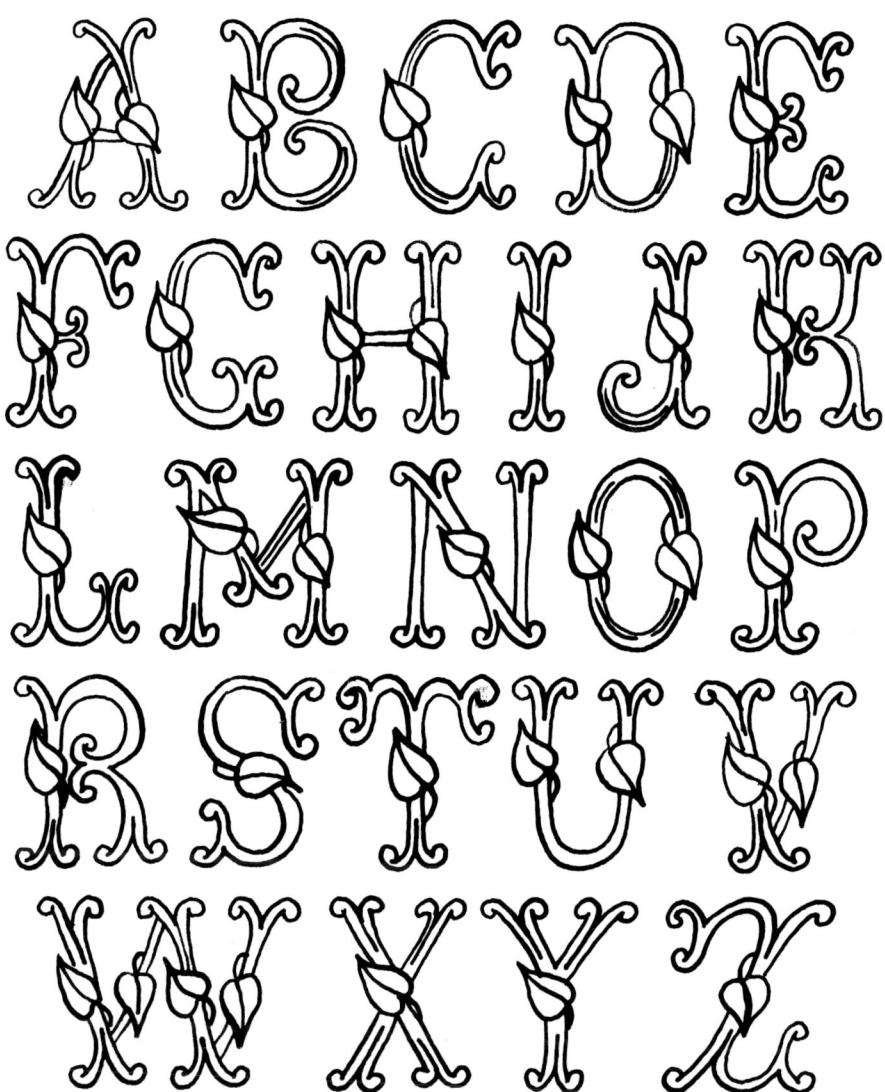

Zeichnen mit Feder und Tusche

Bleiben nur noch Feder und Federhalter zu erwähnen. Um die hier im Buch abgebildeten Monogramme und Alphabete auftragen zu können, benötigen Sie Tusche, Feder und Federhalter. Verschiedene Schriften lassen sich auch mit dem Pinsel aufmalen, aber ich gebe gerne zu, daß es mit der Feder sehr viel einfacher und flüssiger von der Hand geht. Wenn Sie Ihre Spanschachtel sehr gut vorbehandelt haben, ist das Arbeiten mit der Feder ein Kinderspiel. Sie können mit den Monogrammen jeder Spanschachtel eine persönliche Note geben. Am schönsten wirken die Monogramme in der Deckelinnenseite oder unter dem Deckelboden. Je nach Untergrund (hell oder dunkel) sollten Sie wahlweise schwarze, rote oder weiße Tusche verwenden.

In diesem Buch sind eine Reihe alter Spanschachtelreime abgebildet. Diese Schachtelreime eignen sich wunderbar zur Beschriftung der Deckel und Zargen. Vielleicht haben Sie aber auch ein paar persönliche Weisheiten, die Sie gerne verewigt sehen möchten. Die hier im Buch abgebildeten alten Schrifttypen sollen Ihnen bei der Umsetzung der Reime helfen. Wählen Sie je nach Art der Bemalung den passenden Schrifttyp.

Ein besonders schönes Beispiel für eine sehr gelungene Reimverzierung habe ich in der Schweiz gesehen. Auf der Innenseite einer großen Spanschachtel war in alter Schrift ein sehr langes, persönliches Hochzeitsgedicht niedergeschrieben. Der Anfangsbuchstabe dieses Gedichtes war besonders liebevoll ausgemalt worden und mit Rosen und Ranken versehen. So verziert wird jede Spanschachtel zum Schmuckstück.

Die großen, aufwendig bemalten Spanschachteln lassen sich natürlich nicht zwischen Tür und Angel fertigen. Je mehr Mühe Sie sich geben werden mit all den liebevoll ausgemalten Details, um so mehr Spaß haben Sie an Ihrem Hobby. Massenware können Sie überall kaufen, deshalb sollten Sie sich Ruhe und Zeit lassen, um etwas Besonderes, Individuelles schaffen zu können. Dabei bleibt die Beruhigung, daß noch kein Meister vom Himmel gefallen ist. Bei den großen Spanschachteln, die Sie hier im Buch abgebildet sehen, sind

oft 40 Stunden Arbeit und mehr keine Seltenheit. Kleinere Spanschachteln hingegen lassen sich schon in ein paar Stunden bemalen, weniger Mühe kosten sie allerdings nicht.

An einfache „Sparausgaben" wird man auf Dauer nicht unbedingt sein Herz verlieren. Auch Sie werden mit der Zeit und mit zunehmender Übung sich selbst gegenüber immer kritischer werden. Aber die Arbeit und der Aufwand lohnen sich.

Wählen Sie für die Zargen und Deckelumrandung jeweils eine der auf Seite 56 abgebildeten Blumenbordüren und als Mittelmotiv die hier abgebildete Taube. Wenn Sie eine ovale Dose bemalen möchten, können Sie auch zwei Tauben spiegelbildlich gegenüber setzen. Verkleinern Sie dazu die Taube entsprechend der Dosengröße. Statt der Rose kann sie auch einen Ring oder einen Blumenkranz im Schnabel tragen.

Zu guter Letzt

Ist Ihr erstes Werk vollbracht und wirklich völlig trocken, schleifen Sie die Spanschachtel mit feinster Stahlwolle. Keine Angst, die Farbe wird von der Stahlwolle nicht beschädigt! Zum Schluß reiben Sie die Schachtel mit einer Bienenwachssalbe ein. Sie bekommt durch diesen Schutzanstrich einen feinen, matten Glanz, durch den sie sich wohltuend von den glänzend lackierten Spanschachteln abhebt. Auf Patina habe ich bisher bewußt verzichtet – ich gebe meinen Spanschachteln gerne Zeit, von alleine alt zu werden.

Wenn Sie die Spanschachteln noch zusätzlich verschönern wollen, können Sie sie mit dünnen Papieren auskleben. Vor allem kleingemusterte Ausschlag- oder Geschenkpapiere eignen sich gut dafür. Sie können auch Tapetenreste verwenden, als Kleber brauchen Sie dann Tapetenkleister. Die Technik ist einfach und sehr wirkungsvoll, wenn man an schöne Papiere kommt. Natürlich ist es auch sehr schön – wenngleich aufwendiger –, die Dosen innen mit kleinen Mustern auszumalen. Auf Seite 41 habe ich Ihnen einige Muster zusammengestellt.

Das Papier muß passend für den Spanschachtelboden und die Innenseiten der Korpuszarge zugeschnitten werden. Bekleben Sie zuerst den Boden und planen Sie einen kleinen Überstand zur Korpuszarge hin ein. Dieser Überstand wird mehrmals leicht eingeschnitten, damit er sich der Korpuszarge anpaßt. Den Streifen für die Korpuszarge müssen Sie etwa einen Zentimeter breiter als die Zargenhöhe zuschneiden und diesen Überstand vor dem Kleben umfalten. Legen Sie diese umgefaltete Streifenseite nach oben und zur Außenseite hin. Durch das Falten reißt das Papier an der oberen Kante nicht so schnell ein. Die Länge des Streifens sollten Sie so berechnen, daß bei der Nahtstelle ein Überhang von etwa einem Zentimeter bleibt. Ganz perfekt wird diese Arbeit, wenn Sie die obere Kante noch mit einem Schmuckband versehen.

Sie sehen, daß das Innenleben der Spanschachtel keineswegs ein Schattendasein zu führen braucht.

So, das wärs. Vielleicht ein bißchen viel auf einmal, aber lassen Sie sich davon nicht beirren. Fangen Sie noch heute an und Sie werden sehen, daß es gar nicht so schwer ist, Spanschachteln mit viel Liebe zu bemalen.

Viel Spaß bei der Arbeit

Monika Manns

Monika Manns

1946 Geburtsort Duisburg
1963 – 1964 Schreinerpraktikum in Dinklage, Oldenburg
1964 – 1966 Studium an der WKS Krefeld – Abteilung Innenarchitektur
1966 Studium an der Kunstakademie Stuttgart – Abteilung
Innenarchitektur, bei Frau Prof. Herta Maria Witzemann
1969 Abschluß des Innenarchitekturstudiums in Stuttgart
1969 Umzug nach Kopenhagen, Dänemark
Studienbeginn an der Königlichen Kunstakademie Kopenhagen,
Abteilung Kunst / freie Grafik, 6 Semester
1973 Rückkehr nach Deutschland, Krefeld
1974 Gründung der privaten Kreativitätsschule Manns in Krefeld,
Leitung bis 1978

1979 Umzug nach Göttien, Landkreis Lüchow-Dannenberg,
verheiratet, 2 Kinder
freischaffend tätig

Ausstellungen

Verschiedene Gruppenausstellungen in Dänemark
Ausstellung Junge Künstler International in Kopenhagen
Einzelausstellung Galerie Schroer, Krefeld
Teilnahme an verschiedenen Kunstausstellungen und Happenings
im Rheinland
Kunstausstellung Amnesty International, Kunstverein Krefeld
Ausstellung in San Francisco, Californien
Gruppenausstellung Kukate Wendland
Einzelausstellung Kreissparkasse Hitzacker
Gemeinschaftsausstellung Kreissparkasse Dannenberg
Einzelausstellung Braunschweig
Einzelausstellung Uelzen Holdenstedt
Kursangebot in Spanschachtelmalerei, Gestalten mit Holz, Restaurierung
alter Möbel und Ostereiermalerei — Atelier Manns, 3131 Göttien, Hof 17

Sandra Manns

1969 in Duisburg geboren
1975 Einschulung in Krefeld
1986 Realschulabschluß in Lüchow
1986 – 1988 Schreinerlehre
1988 Studienbeginn in Berlin, Grafik / Design

Innenbemalung des Deckels der Spanschachtel von Seite 36.

Herstelleradressen

bühler-holzspan – Carl Bühler, CH-3714 Wengi-Frutigen
Hersteller von Spanschachteln in alter Tradition
Vertretung in Deutschland:
Maria-Theresia Vandeberg, Zum Kohlwaldfeld 9a, 6239 Eppstein 2 / Taunus

Spanschachtelmuseum, Alte Bernstrasse 172, CH-3613 Steffisburg-Station

Max Liebich Holzwarenfabrik, 8370 Regen
Hersteller großer Sperrholzdosen

»da Vinci« Künstlerpinselfabrik Defet KG,
Gustav-Adolf-Straße 33, 8500 Nürnberg 70

WACOFIN Mattfarben – Heinrich Wagner, CH-8105 Regensdorf oder
D-6400 Fulda

DEKA-Textilfarben, 8025 Unterhaching

Monika Manns, 3131 Göttien, Hof Nr. 17, Tel.: 05841 / 5297

Von Monika Manns ist ebenfalls im EULEN VERLAG erschienen:

Ostereier kunstvoll bemalen
Traditionelle Osterbräuche – neu entdeckt

21,6 × 20,0 cm, 72 Seiten mit 20 Farbfotos von Monika Manns
und zahlreichen Tuschezeichnungen von Sandra Manns, Pappband lam., ISBN 3-89102-189-5

„Mit dem kunstvollen Bemalen von Ostereiern ist in den letzten Jahren eine alte Tradition wiederbelebt worden, die bei alt und jung zunehmend neue Anhänger findet. Eine hilfreiche Anleitung dazu bietet Monika Manns, selbst eine begeisterte Ostereier-Malerin.
Mit den detaillierten Beschreibungen der einzelnen Techniken eröffnet die Autorin dem Anfänger ein breites Experimentierfeld: Farbstoffe aus der Natur lassen Eier in sämtlichen Regenbogenfarben erstrahlen, reizvolle Kratz- und Ätztechniken machen aus den bearbeiteten Eiern ‚geschriebene Gewebe‘, bei der aus der Ukraine stammenden Pysanki-Technik wird das Ei mit einem speziellen Gerät mit Wachs ‚beschrieben‘. Auch fortgeschrittene ‚Eierkünstler‘ können noch lernen. Den Gestaltungsmöglichkeiten sind keine Grenzen gesetzt. . .“ Schleidener Wochenspiegel

EULEN VERLAG